In der gleichen Reihe erschienen:

 .... Die großen Entdeckungsreisen

Die Ritter

FRANÇOIS ICHER

Aus dem Französischen von Anke Beck

KNESEBECK

Inhaltsverzeichnis

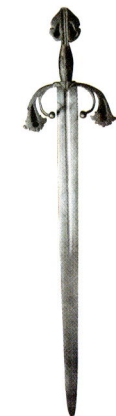

Einführung

Auf dieser Miniatur, einem sehr kleinen Bild aus dem 13. Jahrhundert, sind die drei Stände der mittelalterlichen Gesellschaft zu sehen: Links steht der Mönch, rechts der Bauer und in der Mitte der Ritter. Er ist bereit, die beiden anderen zu beschützen.

Im Mittelalter führten die Könige und mächtigen Burgherren sehr oft Kriege gegeneinander. Sie vertrauten dabei Gefolgsleuten, die – ausgerüstet mit Waffen und in Rüstung – zu Pferd für sie kämpften: Das waren die Ritter. Auch das einfache Volk vertraute diesen Männern, die es vor feindlichen Truppen beschützten. Alle achteten die mutigen Krieger. Viele fürchteten sie auch, weil sie nach und nach immer mächtiger wurden und sich schließlich zu der Ritterschaft zusammenschlossen, die niemand anderen in ihren Reihen duldete. Eine solche Gruppe nennen die Historiker Stand. Die Ritterschaft war aber nicht der einzige Stand innerhalb der mittelalterlichen Bevölkerung. Es gab insgesamt drei Stände: die, die beteten (das waren die Mönche), die, die arbeiteten (das waren die Bauern), und eben die, die kämpften (das waren die Ritter).

Bauer wurde man ganz selbstverständlich, wenn man als Sohn eines Bauern zur Welt gekommen war. Zum Mönch wurde man berufen, das heißt, man hörte und folgte der Stimme Gottes. Mönche lebten in Klöstern. Bei den Rittern aber war es etwas komplizierter: Ritter konnte nur ein junger Adliger werden, dessen Vater bereits Ritter gewesen war und der im Alter von sieben Jahren zu einer langen Ausbildung in die Burg eines befreundeten adligen Herren aufgenommen wurde. Die Lehrzeit dauerte meist 14 Jahre, in denen der junge Mann nach und nach in die Kriegskunst eingeweiht und mit den ritterlichen Idealen vertraut gemacht wurde. Diesen langen Weg wollen wir nun gemeinsam gehen.

Vom Reiter zum Ritter

Das Wort Ritter ist vom germanischen Wort *ridare* abgeleitet, das heißt auf Deutsch reiten.
Bis zum 10. Jahrhundert waren die Ritter, die damals noch Reiter genannt wurden, nichts als brutale Kämpfer. Ihrem Herren gehorchten sie ohne Widerrede, und er belohnte sie nach jeder gewonnenen Schlacht mit Geld oder mit einem Stück Land.

Dieses Land wurde damals Lehen, in der lateinischen Sprache *feudum*, genannt. Aus diesem Grund wird die Zeit des Mittelalters oft als Feudalismus bezeichnet und die Herren, welche Land (Lehen) besaßen, Feudalherren oder Lehensherren.

Der Krieg machte die Ritter also reich. Die Bauern jedoch, deren Felder verwüstet wurden, machte der Krieg arm.

◄ Die Kreuzzüge werden gegen die Moslems geführt, die angeblich Jerusalem besetzt halten.

▼ Die Ritter kämpfen nicht nur gegen Feinde aus anderen Ländern. Auch Ritter, die verfeindeten Herren dienen, treten gegeneinander an.

▲ Der Sohn eines Ritters muss schon im Alter von sieben Jahren sein Elternhaus verlassen.

Bald versuchte auch die Kirche, die Kraft der Ritter für sich zu nutzen, und schlug ihnen vor, sich einen anderen Feind zu suchen, nämlich die Anhänger des Islam, die Moslems. Diese »Ungläubigen« hielten angeblich das Heilige Land der Christen besetzt, wo Jesus einst gelebt hatte und gestorben war. Von nun an dienten die Ritter auch dem Papst. Aber ihre eigentlichen Herren waren mächtige Feudalherren, Fürsten und Könige.

Während der langen Zeit des Mittelalters (das vom 5. bis zum 15. Jahrhundert, also 1000 Jahre dauerte) entwickelte sich das Rittertum zu einem wichtigen Stand. Es nahm in seinen Kreis ausschließlich

Adlige auf. Adliger war man selbstverständlich, wenn man in eine adlige Familie hineingeboren worden war (so ähnlich wie bei den Bauern). Adlige besaßen auf Beschluss des Königs besondere Rechte. Zum Beispiel bezahlten sie keine Abgaben und mussten keine Fronarbeit leisten wie die Bauern. Diese nämlich waren verpflichtet, für ihren Feudalherren mehrere Tage im Monat zu arbeiten, ohne dass sie dafür Lohn erhielten (das nennt man Fronarbeit). Es war nicht ganz einfach, in die Ritterschaft aufgenommen zu werden: Erst nachdem die adlige Familie nachgewiesen hatte, dass es in ihr bereits seit vier Generationen Ritter gab, durfte sie ihren Sohn an den Hof ihres Freundes schicken. Die Ausbildung, die den Jungen dort erwartete, umfasste drei große Lerngebiete: das Kriegshandwerk, die Ideale des Adels und die Religion. Nun versteht man vielleicht besser, warum diese Ausbildungszeit so lange dauerte. Wenn der junge Mann alles gelernt und alle Prüfungen erfolgreich bestanden hatte, wurde er schließlich durch die Zeremonie der Schwertleite zum Ritter erhoben. Dabei übergab ihm sein Herr feierlich ein Schwert. Ab dem 13. Jahrhundert war es Brauch, dem jungen Mann einen Schlag in den Nacken zu versetzen. Durch diesen sogenannten Ritterschlag wurde er zum Ritter.

Maximilians
Geburt

Ostern 1217 ist ein sehr wichtiges Datum auf Burg Hohenstein. Heinrich, der Burgherr, und seine Frau Alice feiern die Geburt ihres ersten Kindes, eines hübschen kleinen Jungen namens Maximilian. Sie haben viele Verwandte und Freunde zu einem großen Festmahl eingeladen. Am Morgen hatte die Taufe stattgefunden und nun, gegen Mittag, versammeln sich die Gäste im großen Festsaal der Burg. Auf einer langen, festlich geschmückten Tafel sind Wild und Geflügel angerichtet. Diener eilen hin und her und bringen Früchte und Wein. Es duftet nach frischem Brot, das ein Junge aus dem Dorf gerade abgeliefert hat. Um die Mitte des 13. Jahrhunderts beinhaltet ein Festmahl bei den reichen Burgherren oftmals zehn und mehr Gänge.

Der Lebensweg des kleinen Maximilian ist schon jetzt festgelegt: Wie sein Vater, sein Großvater und seine Urgroßväter wird er Ritter werden. Später einmal wird er den Stammsitz der Familie und die dazugehörigen Ländereien erben.

Seine ersten Lebensjahre bleibt Maximilian bei der Mutter. An seinem siebten Geburtstag jedoch wird er als Page in die Burg eines Freundes seines Vaters gehen. Damit beginnt seine Erziehung zum Ritter. Es wird Maximilian schwer fallen, seine Mutter zu verlassen, und vor allem wird er seine Amme vermissen. Aber sein Vater möchte, dass der Junge nicht länger verwöhnt, sondern früh abgehärtet wird.

▲ Bei einer Geburt auf der Burg sind nur Frauen anwesend. Erst wenn das Baby gewaschen und gewickelt ist, wird es dem Vater gezeigt.

13

Dieses Glasfenster zeigt Lancelot und König Artus. Lancelot ist der Ritter von König Artus. Ein Ritter muss ehrlich, rechtschaffen, treu und gehorsam sein.

MAGNUS ARTURUS REX POTENTISSIMUS ANGLIAE

DOMINUS LUNCELOT DU LAC EQUES INVICTUS

Die ritterlichen Werte

Im hohen und späten Mittelalter (vom 10. bis zum 15. Jahrhundert) verfassten die Mönche Schriften über die Ausbildung der jungen Ritter. In den klösterlichen Schreibwerkstätten (den Skriptorien) wurden sie immer wieder abgeschrieben. Aus diesen Büchern lernte der junge Page, dass er einem Stand angehörte, der den anderen überlegen war. Er hatte drei wichtige Aufgaben: Er sollte die Schwachen gegen Raubritter oder feindliche Soldaten verteidigen, den Besitz und die Mitglieder der Kirche schützen und einem Burgherren, Fürsten oder König dienen.

Der Ritter musste der Kirche versprechen, mit Lanze, Schwert und Dolch gegen alle vorzugehen, die den katholischen Glauben anzweifelten. Auch gegen solche, die religiöse Feste feierten, die nicht den Regeln des Papstes folgten.

Seinem Herren gegenüber musste der Ritter nach einem sogenannten Ehrenkodex gehorchen. Ein Ehrenkodex ist ein anderes Wort für die Aufgaben, die ein Ritter zu erfüllen hatte, aber auch für die Ideale, nach denen er leben sollte: Er hatte seinem Herren auf dem Schlachtfeld beizustehen. Er durfte ihn niemals verraten oder verlassen und musste ihm treu bis in den Tod dienen. Er durfte seinen Gegner nicht töten, wenn dieser verletzt oder unbewaffnet war oder sich ergeben hatte.

Am wichtigsten war für den Ritter seine Ehre. Wenn ein schlechter Ritter seine Pflicht nicht erfüllte, wurde er als Treuloser oder Feigling beschimpft. Der Unglückliche schämte sich dann und flüchtete in ferne Länder.

Doch es gab nicht nur diese brutale Welt der Männer. Auch die Liebe war eine Pflicht, die der Ritter erfüllen musste. Eine unerreichbare schöne Dame anzubeten, das galt als eine der wichtigsten Tugenden

▼ In dieser Tafelrunde sind alle Ritter gleich. Hier ist kein Platz wichtiger als der andere.

15

(so nennt man die guten Taten) des Ritters. Er musste also nicht nur Gott und seinem Herren dienen, sondern auch einer adligen Dame. Aus diesem Grund wurde der junge Page auch zunächst von den Damen des Hofes erzogen, die ihm beibrachten, wie er später die Gunst der Frauen erringen konnte. Dazu war es wichtig, dass er dichten, tanzen und singen lernte. Denn später sollte er nicht nur jagen, kämpfen und Turniere bestehen, sondern auch Minnelieder vortragen. Das waren kunstvolle Lieder, die von der Anmut und Schönheit einer Dame handelten, die der Ritter liebte. Da sie aber fern und unerreichbar war, konnte er nie zu ihr gelangen, und vor Sehnsucht brach ihm beinahe das Herz.

Aber nicht alle Ritter waren Helden, und sie waren auch nicht so edelmütig, wie wir sie aus Geschichten kennen. Denn die Ritter in den Büchern existierten ja nicht wirklich: Lancelot und Parzival oder der berühmte englische König Artus sollten den wirklichen Rittern ein gutes Vorbild geben. Und ein Vorbild für die anderen war der, der ohne Furcht und Tadel seinem Herren diente.

▲ Der Krieg ist nicht die einzige Beschäftigung des Ritters. Auch die Eroberung einer Dame ist eine Herausforderung.

Lancelot,
der Freund von König Artus

▲ Mit Hilfe einer Zauberin entdeckt
König Artus traurig, dass seine Frau
Ginevra ihn mit seinem Freund
Lancelot betrügt.

Lancelot ist vielleicht der berühmteste Ritter, den wir aus Legenden kennen. Er soll von den Königen Jerusalems abstammen und in seiner Jugend von einer Fee namens Viviane erzogen worden sein. Er lebte mit ihr auf einer Insel inmitten eines Sees. Viviane brachte ihrem Sohn die ritterlichen Tugenden bei und schickte ihn dann an den Hof des englischen Königs Artus. So wurde Lancelot ein Ritter der Tafelrunde. Am Hof verliebte sich Lancelot nicht in eine ferne Dame (wie er es nach dem Ehrenkodex hätte tun sollen), sondern ausgerechnet in Ginevra, die Frau von König Artus. Die beiden wurden ein heimliches Liebespaar. Damit verriet Lancelot seine Freundschaft zu König Artus, dem er ja zur Treue verpflichtet war, und machte seinem Namen als Ritter Schande. Erst am Ende seines Lebens wurde er wieder zu einem richtigen Ritter, denn er rächte den Tod seines Herren Artus, der im Kampf getötet worden war.

Die Geschichte von Lancelot zeigt, dass ein Ritter Fehler begehen, dass er diese aber auch wieder gutmachen kann, wenn er die ritterlichen Werte achtet und seinem Herren treu und ergeben dient. Deshalb erzählte man den jungen Pagen die Geschichte von Lancelot.

Bei den anstrengenden Tagen in der Burg
sind die Kinder froh über jede Pause.
Hier spielen sie ihr Lieblingsspiel Blindekuh.

Ein Tag im Leben eines Pagen

Bei seiner Ankunft in der Burg wird der Page Maximilian von seinem Herren, Walter, empfangen. Nach dem Willkommensgruß vertraut ihn der Burgherr sofort seiner Frau oder einer anderen adligen Dame an. Sie nimmt den Jungen in der ersten Zeit in ihre Obhut. Es gehört schließlich nicht zu den Aufgaben eines bewaffneten Mannes, sich um ein siebenjähriges Kind zu kümmern! Erst einige Jahre später, wenn Maximilian älter ist, wird der Herr sich seiner Erziehung widmen.

In den ersten Tagen weint Maximilian oft, aber dann gewöhnt er sich an sein

Unter Aufsicht der Damen lernen die künftigen Ritter tanzen, singen, lesen, schreiben, sich höflich unterhalten und vieles mehr.

▼ Der Kaplan ist ein richtiger
Schulmeister, der die Pagen lesen
und schreiben lehrt.

neues Leben. Die Damen können zwar die Mutter nicht ersetzen, aber sie sind freundlich zu ihm.

In der Burg leben noch weitere Pagen, mit denen Maximilian zusammen ist. Jetzt fühlt er sich nicht mehr so einsam. Häufig nimmt ein Herr zwei oder drei junge Adlige zur Erziehung an. Er hofft, dass sie später, nachdem sie Ritter geworden sind, in seinem Dienst bleiben.

Die Tage in der Burg verlaufen meist ähnlich. Nach dem Aufstehen und Waschen begeben sich die Pagen gegen sieben oder acht Uhr in die Kapelle, wo ein Mönch sie empfängt. Er unterrichtet seine kleinen Schüler zwei Stunden lang in Latein und Religion. Der Unterricht endet mit einem ausführlichen Morgengebet. Und bevor sie sich für heute trennen, stimmen Lehrer und Schüler einen

Psalm (das ist ein geistliches Lied) zum Lobe Gottes an.

Erst jetzt dürfen sich die Pagen zum Frühstück niedersetzen. Eine Magd serviert jedem Hungrigen eine Schüssel mit dampfendem Haferbrei. Zu besonderen Gelegenheiten bekommen sie sogar etwas Honig, um ihn zu süßen. Danach übernehmen die Burgdamen die Erziehung der Knaben. Die Zeiten, in denen Ritter einfache, ungebildete Krieger waren, sind vorbei. Jetzt müssen sie lesen, schreiben und sich höflich benehmen können. Deshalb lernen die Jungen auch gute Umgangsformen bei Hof, Musizieren, Tanzen und Dichten. Man verlangt von ihnen Gehorsam, Aufmerksamkeit und Respekt.

Die Pagen dürfen nicht einfach spielen, wenn sie Lust dazu haben. Sie merken sehr schnell, dass die Ritterschaft viele Opfer von ihnen fordert. Während die Kinder des Schmieds, der Köche und der Wächter Ball oder Murmeln spielen oder auf Stelzen laufen, haben die Pagen Unterricht. Sie beten auch mit dem Kaplan (das ist der Mönch, der in den Diensten des Burgherren steht und in der Burg wohnt) oder hören den Geschichten der Damen zu.

Das Leben in der Burg besteht aber nicht nur aus Lernen und Beten. Kein Kind kann immerzu vom Spielen abgehalten werden. Das wussten die Erzieher schon im Mittelalter. Der Unterricht trägt nur dann Früchte, wenn er von Ruhepausen unterbrochen wird. So sind auch in einem vollen Stundenplan ein paar kleine Pausen vorgesehen. Im Burghof spielen die Pagen manchmal eines ihrer Lieblingsspiele mit den Damen. Wer an der Reihe

◄ Das Spiel ist auch ein Mittel, um für den Kampf zu üben.

ist, bekommt die Augen verbunden und muss die anderen fangen. Wenn er jemanden erwischt hat, muss er raten, wer es ist. Vertut sich ein Page dabei, ist das Gelächter groß. Im Winter, wenn man nicht im Freien sein kann, spielen die Pagen mit Ritterfigürchen aus Holz und Stoffresten, die sie auf einem langen Eichentisch hin- und herschieben. Indem sie gegeneinander kämpfen, üben sie bereits für die Turniere, die sie später bestehen müssen. Die Damen erklären ihnen dabei die Regeln eines Turniers. Ein Knappe, also ein junger Adliger, der schon bald zum Ritter geschlagen werden wird, erläutert den Jungen dazu die Regeln des Kampfes. Die Pagen träumen schon jetzt davon, selbst zu kämpfen. Am liebsten aber spielen sie Verstecken in den vielen Gemächern der Burg. Die Köche sind ihre Komplizen und verstecken die Pagen in den Vorratskammern, wo die strengen Damen sie nicht finden können.

Am Nachmittag dürfen die Jungen für einige heiß ersehnte Stunden in die Pferdeställe. Sie sollen einmal ausgezeichnete Reiter werden und lernen schon jetzt die Pferde kennen. Bald schon verlieren sie die Angst vor den großen Tieren. Unter der Anleitung eines Knappen lernen sie, aufzusteigen und einige besonders zahme Tiere zu führen. Danach warten sie mit den Damen auf das Abendessen. Der Tag endet mit einem Gebet vor dem Einschlafen.

Manchmal gibt der Herr ein Fest für die Bewohner der Burg. Die Pagen freuen sich immer, wenn Minnesänger, Spielleute und Gaukler in die Burg kommen. Sie mögen die Pagen und bringen ihnen gern einige ihrer Tricks bei.

▼ Gaukler und Spielleute bringen etwas Abwechslung in das Leben auf der Burg.

Bruder Wilhelm,

der Kaplan

Bruder Wilhelm ist der Kaplan der Burg. Er ist verantwortlich für die Kapelle (das ist die kleine Kirche) innerhalb der Burgmauern. Hierher kommen der Burgherr mit seiner Familie und alle anderen Bewohner der Burg, um zu beten.

Jeden Tag nimmt der Mönch seine schöne Gänsefeder zur Hand und schreibt alle wichtigen Vorkommnisse in der Burg in ein großes Buch aus Pergament. Diese Schrift ist eine Chronik. Das Wort kommt vom griechischen Wort *chronos*, das auf Deutsch Zeit bedeutet. Bruder Wilhelm wird deshalb auch Chronist genannt. Ihm verdanken wir, dass wir heute vieles über die Ankunft der Pagen, ihr Alter, ihre Ausbildung und andere Dinge wissen. Seine Schrift lässt uns das Alltagsleben der damaligen Zeit besser verstehen.

Bruder Wilhelm unterrichtet auch Latein, das damals die offizielle Sprache des Adels und der Kirche war. In Gegenwart des Burgherren erklärt er den Pagen die Aufgaben eines Ritters. Er soll ein ehrbarer und ehrlicher Mann sein und die menschliche und göttliche Gerechtigkeit verteidigen.

▲ Der Kaplan ist das Gedächtnis der Burg: Er schreibt alle wichtigen Ereignisse auf.

Der Kaplan legt sehr viel Wert auf die christliche Ausbildung der Pagen. Jeden Tag erzählt er ihnen Geschichten aus dem Leben Jesu Christi und bespricht mit ihnen zwei oder drei Stellen aus der Bibel.

23

► Für den jungen Knappen ist auch das Bogenschießen wichtig. Er kann seine Geschicklichkeit erproben und sich bei der Jagd auszeichnen.

Wenn der Page Knappe wird

Maximilian hat gerade seinen 14. Geburtstag gefeiert. Nach sieben Ausbildungsjahren hat er ungeduldig auf diesen Tag gewartet, der das Ende seiner Zeit als Page bedeutet. Eine neue Phase in seinem Leben beginnt: Von jetzt an ist er ein junger Mann, der sich mit der Kriegskunst beschäftigt. Er erhält dazu offiziell einen neuen Titel: Er ist nun Knappe im Dienst des Burgherren.

Beim Festessen nach dem Gottesdienst zu Ehren seines Geburtstags wird Maximilian den anderen als Knappe vorgestellt. Vor einer Versammlung von Rittern findet seine feierliche Ernennung durch den Burgherren statt. Auch seine Eltern sind dafür angereist. Maximilian ist sehr stolz darauf, dass er in seinem Gürtel einen kleinen Dolch tragen darf, den ihm sein Vater am Morgen geschenkt hat.

Das Messer ist ein Zeichen dafür, dass aus dem Pagen nun ein Knappe geworden ist. Maximilian ist glücklich, dass er zum ersten Mal in seinem Leben eine Waffe tragen darf. Von jetzt an muss er seinem Herren völlig ergeben sein.

Maximilian hat nun neue Pflichten. Am Tag der Jagd muss er dafür sorgen, dass die Ausrüstung seines Herren in einem tadellosen Zustand ist. Er prüft, ob der Bogen die richtige Spannung hat, zählt die Pfeile nach und testet die Klinge des Dolches. Das ist wichtig, denn damit erhält das verletzte Tier den Todesstoß. Maximilian bläst auch in das Jagdhorn, um zu prüfen, ob es gut funktioniert. Außerdem muss er sich um das Pferd kümmern und dafür sorgen, dass es gut vorbereitet ist für den Ritt in den Wald. Er weiß, dass er für jeden Fehler streng getadelt wird. Er wird sich dann sehr schämen, und das ist nicht leicht für einen jungen Menschen. Für Maximilian ist es selbstverständlich, dass er seinen Vater nicht enttäuschen wird. Denn wenn sich herausstellen sollte, dass er nicht gut genug ist, um Ritter zu werden, muss er sein Leben in einem Kloster verbringen. Und das will er auf gar keinen Fall!

Dem Herren zu dienen bedeutet, dass man immer bereit sein muss. Der Knappe muss jede Bitte des Burgherren sofort erfüllen. Wenn dieser in den Krieg zieht,

▲ Der Knappe muss die Ausrüstung seines Herren jederzeit bereithalten. Er folgt dem Herren überallhin: zu einem Turnier und in den Krieg.

▲ Die Damen mögen das Schachspiel sehr.
Manchmal spielen sie gegen die Knappen.

begleitet er ihn und muss darauf achten, dass in seiner Ausrüstung nichts fehlt. So überprüft Maximilian regelmäßig die Lanzen, die Schwerter, die Schilde und die Helme, die der Herr für seine Kriegszüge hat schmieden lassen.

Der Knappe hat aber auch ganz alltägliche Aufgaben. Er muss dem Herren die Mahlzeiten servieren und neben dem Tisch stehen, um jede Bitte sofort zu erfüllen. Glücklicherweise gibt es im Leben eines Knappen auch andere Momente. Manchmal lädt Walter Maximilian zu einer Partie Schach ein. Auch dieses strategische Spiel

soll ihm helfen, das Kriegshandwerk zu lernen. Obwohl der Herr die Partie immer gewinnt, freut sich Maximilian sehr auf das Spiel.

Der Knappe verbringt seine Tage nun nicht mehr mit den Damen oder dem Kaplan, sondern hauptsächlich mit den bewaffneten Männern. Von ihnen lernt er den Umgang mit dem Schwert und den Lanzen. In den ersten Monaten schaut er nur zu, aber schon bald wird Maximilian an einem Spiel teilnehmen, in dem es darum geht, einen Kampf zu überleben.

Philipp,
der Waffenmeister

Maximilian ist nun seit fünf Jahren Knappe und lernt eifrig die Lektionen des Waffenmeisters Philipp. Trotz seines großen Wissens im Umgang mit den Waffen gehört Philipp nicht zum Stand der Ritter, denn er kommt nicht aus einer adligen Familie. Dennoch wird er sehr geschätzt und ist mit vielen Rittern befreundet.

Im Waffensaal oder auf dem Turnierplatz unterrichtet Philipp die Knappen im Schwertkampf. Er bringt ihnen bei, anzugreifen und einen Angriff des Gegners abzuwehren. Er zeigt ihnen auch, wie sie sich mit dem Schild schützen können, und lehrt sie einen Stoß, dem der Gegner nur schwer ausweichen kann.

Regelmäßig schaut Maximilians Pate (das ist ein Ritter, der die Fortschritte des jungen Mannes überwachen soll) vorbei, um sich nach seinem Schützling zu erkundigen.

Wenn er es für nötig hält, erteilt er ihm Ratschläge und ermutigt ihn. Häufig nimmt auch der Burgherr an Meister Philipps Übungsstunden teil.

Manchmal zieht dann auch Walter sein Schwert aus der Scheide und trägt damit selbst etwas zum wichtigsten Unterricht der künftigen Ritter bei.

▶ Das Schwert ist eine der wichtigsten Waffen des Ritters. Es steht für die Kraft und die Macht, aber auch für die Pflicht, die Schwachen zu beschützen.

27

◀ Die Jagd endet immer mit einem großen Festmahl. Bei dieser Gelegenheit trifft der junge Knappe die Herren und Ritter.

Übungsfelder

Neben dem täglichen Unterricht des Waffenmeisters üben die Knappen auch das Lanzenstechen zu Pferd. Dafür wird eine Puppe an einem Pfahl befestigt und auf einem Feld aufgestellt. Sie ist mit einem alten Waffenrock (ein ärmelloses Gewand, das die Ritter normalerweise über der Rüstung trugen) bekleidet und trägt einen Helm. Außerdem trägt sie einen Schild in den Farben des Gegners und hält einen Streitkolben. Dieser Knüppel ist meist mit Lumpen umwickelt, denn die Ritterlehrlinge sollen sich nicht verletzen.

Im Galopp reiten die Knappen mit erhobener Lanze auf die Puppe zu und versuchen, sie durch einen kräftigen Stoß auf den Schild umzuwerfen. Jeder erfolgreiche Versuch wird mit Applaus und Freudengeschrei belohnt. Demjenigen aber, dem der Stoß misslingt, ergeht es schlecht. Wenn die Puppe nicht an der richtigen Stelle getroffen wird, dreht sie sich und schlägt mit ihrem Knüppel den Angreifer.

Maximilian ist der Beste in dieser Übung, aber der arme Robert wird bei jedem Versuch aus dem Sattel geworfen. Unter dem Hohn und Spott seiner Kameraden fällt er zu Boden. Robert weiß jedoch, dass auch Geduld eine ritterliche Tugend ist, und gibt nicht auf. Er steigt wieder auf sein Pferd, um noch einmal zu kämpfen, und hofft, dass er diesmal siegen wird. Gegen die Puppe anzureiten ist viel mehr als ein Geschicklichkeitsspiel: Es ist eine Vorbereitung für die Turniere und Schlachten der künftigen Ritter.

Auch die Jagd ist eine ausgezeichnete Übung für den Krieg. Bei der Treibjagd auf Hochwild können die Knappen zeigen, wie geschickt sie sind. Sie helfen ihrem Herren dabei, Wildschweine, Hirsche und Rehe zu töten. Kleinere Tiere, das sogenannte Niederwild, sind gut geeignet für eine Übung im Bogenschießen. Hasen, Kaninchen, Hermeline und Eichhörnchen sind die lebendigen Zielscheiben der Knappen. Ständig versuchen die jungen Männer, sich vor dem Herren hervorzutun, denn der beste Knappe erhält oft eine Belohnung: Bei einem der nächsten Ausritte in den Wald darf er den Falken des Herren halten. Der Falke ist ein Greifvogel, der zur Jagd ausgebildet wurde. Er ist ein richtiger Herr des Himmels, scharfäugig und schnell. Der Knappe wird die ganze Jagd mit den Damen und Rittern verbringen. Wenn er es schafft, sich von seiner besten Seite zu zeigen, wird er vielleicht sogar zum Festmahl am Abend eingeladen. Und zwar nicht als Diener, sondern als bevorzugter Ehrengast!

Die Jagd im Wald ist aber auch eine vorzügliche Gelegenheit, um Kriegsstrategien zu lernen. Die Knappen beobachten, wie der Herr seine kleine Truppe befehligt, die das Tier vor dem Todesstoß umzingelt.

Die Jagd ist das Vorrecht der Adligen. Den Bauern und Mönchen ist sie verboten.

▼ Der Jagdfalke ist ein beeindruckendes Tier. Es ist eine große Ehre, zum Falkner ernannt zu werden.

▲ Die Jagd ist eine sehr gute Übung für den Krieg. Es ist eine Kunst, das Tier zu hetzen, zu umzingeln und zu töten.

Man ist der Ansicht, dass diese sich auf ihre Arbeit und ihr Gebet konzentrieren sollen. Und so haben nur diejenigen, die kämpfen, das Recht zu jagen. Damit können sie auch in Friedenszeiten ihre Geschicklichkeit trainieren.

Einmal haben die Knappen einen jungen Bauern bei der verbotenen Jagd erwischt. Der Arme war auf der Suche nach Kaninchen, um seine Familie zu ernähren. In der Burg hätte er zur Strafe Peit-schenhiebe bekommen, doch die Knappen haben den Burschen mitsamt seiner kostbaren Beute laufen lassen. Damit haben sie zwar gegen das Gesetz des Burgherren verstoßen, aber im Grunde ihres Herzens sind sie stolz auf diese Tat. Der Kaplan hätte sie sicher gutgeheißen.

Ulrich,
der Pate

▲ Der Pate übt mit seinem Patensohn das Bogenschießen.

Ritter Ulrich ist der beste Freund von Maximilians Vater, der ihn deshalb zum Paten seines Sohnes bestimmt hat. Seit Maximilian Knappe ist, besucht Ulrich ihn häufig.

Ein Pate unterscheidet sich vom Herren. Er bildet den Jungen nicht selbst aus, sondern überwacht nur die Ausbildung. Für Maximilian ist Ulrich der ideale Ritter. Wenn der Junge ein Problem hat, bespricht er es mit seinem Paten. Und wenn Walter oder andere Ritter unzufrieden mit dem Benehmen des Knappen sind, wenden sie sich auch an den Paten.

Heute ist Ulrich sehr froh. Er hat gerade erfahren, dass sein Schützling bald zum Ritter ernannt wird. Und er ist derjenige, der Maximilian die gute Nachricht überbringen darf. Zuvor macht er aber noch in der Schmiede Halt, um eine besondere Arbeit in Auftrag zu geben. Es ist Tradition, dass der Pate seinem Patensohn zwei goldene Sporen schenkt, also Metallspitzen, die man am Stiefelabsatz befestigt, um das Pferd anzutreiben und zu lenken. Die Sporen zeigen, dass der junge Mann jetzt zum Kreis der Ritter gehört.

Als guter Christ muss der Ritter oft zur Beichte gehen. Weil er Menschen tötet, braucht er die göttliche Vergebung besonders dringend.

Die Nachtwache

32

Im Alter von 21 Jahren wird Maximilian zum Ritter geschlagen. Am Vorabend des heiß ersehnten Tages, der Schwertleite, muss der Knappe eine letzte und gefürchtete Aufgabe erfüllen: die Nachtwache.

In allen Burgen ist diese Nachtwache ein ganz besonderer Brauch. Der Knappe muss zunächst ein Bad in kaltem Wasser nehmen. Es soll den künftigen Ritter reinigen und alle Fehler abwaschen, die er bis zu diesem Tag begangen hat. In den Augen der Kirche muss jemand, der zum Ritter ernannt werden will, ein reiner Mensch und ehrbarer Christ sein. Das Wasser ist zuvor vom Kaplan geweiht worden. Und wenn Maximilian aus dem Bad steigt, ist er ein neuer Mensch, dem all seine Sünden vergeben sind. Nun ist er würdig, dem heiligen Stand der Ritter anzugehören.

Dann wird er in eine einfache weiße Kutte (das ist ein knöchellanges Gewand mit Kapuze, das meist mit einer Schnur

33

oder einem Gürtel getragen wird) gekleidet, die als Symbol der Reinheit gilt. Der Pate führt ihn langsam in die Kapelle der Burg. Dort muss er die ganze Nacht unter Aufsicht des Kaplans beten. Einige Ritter werden sich in der Nacht ablösen, um ihm während dieser Probe beizustehen. Diese spezielle Wache dient dazu, den Knappen auf sein künftiges Leben als Ritter im Dienst Gottes vorzubereiten. Nachdem er sich in der Nähe des Altars hingekniet hat, wird der junge Mann vom Kaplan gebeten, zwei oder drei Stunden lang immer dieselben Gebete zu wiederholen.

Die Nachtwache ist vor allem eine körperliche Probe. Sie dient dazu, die Widerstandskraft des zukünftigen Ritters zu testen. Maximilian muss den anderen und sich selbst beweisen, dass er mehrere Stunden hintereinander bewegungslos bleiben kann, ohne einzuschlafen. Ein Ritter hat ihm anvertraut, dass vor ihm einige Knappen an dieser schwierigen Probe gescheitert sind. Im Laufe der Nacht ermüden nämlich Körper und Geist immer mehr, und Arme und Beine werden steif.

Der tiefe Sinn der Nachtwache liegt aber darin, dass der junge Mann ein letztes

Mal über die Pflichten nachdenken kann, die ihn als Ritter erwarten. So kann er mehrere Stunden lang seine Entscheidung prüfen, bevor es ernst wird.

Die Nacht ist still, und es ist kalt in der Kapelle. Maximilian erinnert sich an die vergangenen 14 Jahre in der Burg. Bilder aus seinem Leben als junger Page vermischen sich mit Erinnerungen aus der letzten Zeit als Knappe. Manche Bemerkungen des Waffenmeisters und einige Ratschläge von Walter gehen ihm durch den Kopf. Etwas ängstlich, aber auch sehr stolz stellt er sich vor, dass er ein tapferer Ritter sein wird, der Witwen und Waisen beschützt. Die Stunden vergehen, ohne dass Maximilian einschläft. Ein plötzlicher Klaps auf die linke Schulter reißt ihn aus seinen Gedanken. Er springt auf. Der Morgen bricht an, die Nachtwache ist zu Ende. Der große Tag seiner Schwertleite ist gekommen.

▲ Dieses Gemälde aus dem 19. Jahrhundert will zeigen, dass der Ritter bis zum Ende seines Lebens Witwen und Waisen beschützen muss.

Walter,
Herr von Frankenthal

Hoch oben von seinem Bergfried aus, dem Turm der Burg, kann Walter seine riesigen Ländereien überblicken. Sie erstrecken sich, so weit das Auge blickt. Er ist aber nicht nur stolz auf die Größe seines Besitzes. Er freut sich auch darüber, dass die anderen adligen Herren ihn schätzen und mögen. Er gilt als aufrichtiger, mutiger und strenger, aber gerechter Mann. Deshalb fragen ihn die Männer seines Standes häufig, ob er ihre Söhne als Pagen aufnehmen kann.

Seit er Herr von Frankenthal ist, hat Walter etwa zwanzig Knappen zu Rittern geschlagen. Das ist sehr viel. Die Burgherren in seiner Nachbarschaft haben alle zusammen erst zehn neuen Rittern das Schwert umgegürtet.

Maximilian weiß es zu schätzen, dass er in Frankenthal aufgenommen und erzogen wurde. Er weiß, dass er diese Gunst der langen, treuen Freundschaft verdankt, die seinen Vater und Walter verbindet. Auch wenn er nach der Schwertleite in die Burg seiner Familie zurückkehrt, wird er Walter immer dankbar sein. Wenn er erst Ritter ist, wird er sein Vasall werden. Das bedeutet, dass er im Krieg an Walters Seite kämpfen wird. Walter weiß, dass er immer auf Maximilian zählen kann, wenn er einen Mann braucht, dem er vertrauen kann.

▲ Im Mittelalter ist die Macht eines adligen Herren von der Größe seiner Ländereien abhängig: Je größer sein Besitz, desto größer seine Macht.

◀ Der feierlichste Moment der Schwertleite ist, wenn dem künftigen Ritter das Schwert um die Hüfte gegürtet wird.

▶ Dieses Bild aus dem späten 15. Jahrhundert zeigt eine Schwertleite.

Die Schwertleite

Nun ist der große Tag gekommen, an dem Maximilian feierlich zum Ritter ernannt wird. Die Zeremonie wird Schwertleite genannt. Zu diesem Anlass gibt es ein großes Fest in der Burg. Köche, Spielleute und Minnesänger treffen schon ihre Vorbereitungen. Etwa 60 Gäste werden erwartet, um den neuen Ritter zu ehren.

Der Tag der Schwertleite wird niemals zufällig gewählt. Meistens findet diese Zeremonie zu Ostern, Himmelfahrt oder Pfingsten statt, also an hohen kirchlichen Feiertagen. Manchmal erfolgt die Schwertleite auch am Geburtstag des künftigen Ritters. Dies kommt aber nur sehr selten vor und auch nur dann, wenn dieser Tag auf einen Sonntag fällt. Noch viel seltener passiert es, dass mehrere Knappen gleichzeitig zum Ritter geschlagen werden. Der Brauch will es, dass jeder junge Mann eine eigene Zeremonie bekommt. Diese ist schließlich sehr wichtig, denn sie bedeutet für ihn den Eintritt in ein neues Leben.

An den Farben seiner Kleidung kann man die Bedeutung des Brauchs erkennen. Oft trägt der künftige Ritter nacheinander verschiedene Gewänder in verschiedenen Farben. Nach der weißen Kutte der Nachtwache zieht Maximilian eine rote Kutte an. Sie zeigt, dass er von nun an bereit ist, sein Blut zu vergießen oder sein Leben zu opfern, um für seinen Herren oder den Papst zu kämpfen.

Maximilian wird von Ritter Ulrich, seinem Paten, in den Burghof geführt. Er ist aufgeregt, denn mit der Ernennung

zum Ritter endet seine 14 Jahre lange Ausbildung in Walters Burg. Im Hof sind schon die Damen und die Adelsfamilien aus der Nachbarschaft versammelt. Sie sitzen auf einer hölzernen Tribüne und warten ungeduldig darauf, dass die Zeremonie beginnt.

Dann geht es los! Jetzt beginnt die feierlichste Szene und der Höhepunkt der Schwertleite. Das Schwert, der

▶ Die bedeutenden Ereignisse feiert man immer mit einem großen Festmahl.

Schild, die Sporen und eine Lanze, die mit einem Banner (das ist eine Fahne mit dem Hoheitszeichen oder Wappen eines Adligen) in den Farben von Maximilians Familie geschmückt ist, werden auf einen Altar gelegt. Maximilian kniet vor seinem Herren nieder. Erst hält der Herr eine Rede, dann gürtet er Maximilian das Schwert um die Hüfte. Der frisch gebackene Ritter, der sich viele Jahre lang auf diesen Augenblick vorbereitet hat, weiß genau, wie wichtig der Moment ist. Dann wird es still, als der Kaplan neben den Herren tritt und das Wort ergreift:

»Allmächtiger Gott, segne uns dieses Schwert, mit dem dein Diener hier um-

gürtet werden wird. Es möge zum Schutz unserer Kirchen, der Witwen, Waisen und aller anderen Diener Gottes gegen den Zorn der Ungläubigen eingesetzt werden und alle Angreifer in Furcht und Schrecken versetzen. Du, Maximilian, stehst kurz davor, zum Ritter ernannt zu werden, und sollst dich stets dieser Worte erinnern. Empfange nun dieses Schwert, diese Lanze, diese Sporen und diesen Schild im Namen des Vaters, des Sohnes und des Heiligen Geistes. Amen.«

Nun befestigt der Pate die Sporen an den Stiefeln seines Patensohnes. Dann ist Walter an der Reihe und spricht die Worte zur Schwertleite. Er hält sein Schwert über den Kopf und die Schultern von Maximilian, blickt dem jungen Mann in die Augen und sagt laut und eindrucksvoll: »Maximilian von Hohenstein, ich erkläre dich zum Ritter. Erinnere dich dein ganzes Leben lang an das, was du hier gelernt hast. Sei gut, treu und freigiebig.«

Kaum hat er diese Worte gesprochen, steckt der Herr sein Schwert in die Scheide zurück und versetzt Maximilian mit der flachen Hand einen kräftigen Schlag in den Nacken. Der junge Ritter schwankt leicht, gibt aber keinen Mucks von sich.

▲ Dieser Ritter trägt stolz sein Banner und seinen Schild. Er hat Steigbügel und eine
speziell für ihn angefertigte Rüstung und ist bereit für das Turnier.

Das gehört zum Brauch. Es ist der soge-nannte Ritterschlag, der den Anwesenden zeigen soll, dass der neue Ritter robust und standfest ist. Er kann Schläge ein-stecken, ohne ins Taumeln zu geraten.

Von der anderen Seite des Hofes führt nun Julian, der jüngste Knappe der Burg, ein Pferd herbei. Maximilians Vater schenkt seinem Sohn das Schlachtross. Maximi-lian stürmt herbei und springt in den Sattel, ohne die Steigbügel zu benutzen. Damit kann er zeigen, wie kräftig und be-weglich er ist. Das Pferd bäumt sich auf, aber Maximilian bändigt es. Freudenrufe erschallen von allen Seiten.

Nun hat Maximilian die Schwertleite empfangen und gehört zum angesehenen Stand der Ritter. Er grüßt sehr glück-lich und stolz alle seine Verwandten und Freunde und bleibt dann noch einen Mo-ment bei Walter. Dieser beglückwünscht ihn und erteilt ihm die letzten Ratschläge.

An diesem Nachmittag wird Maximi-lian sein erstes Turnier als Ritter bestrei-ten. Es wird allein zu diesem Anlass veran-staltet. Doch damit ist der Tag noch nicht zu Ende. Nach der Preisverleihung wer-den all seine Freunde zu einem Festmahl zusammenkommen. Der neue Ritter wird am Ehrentisch zwischen dem Burgherren und seiner Dame Platz nehmen, nicht weit entfernt von seinen Eltern und seinem Paten. Am Ende des Festmahls wartet eine Überraschung auf die Gäste: Der Minnesänger Wolfram von Eschenbach hat ein kurzes Gedicht verfasst, das Maxi-milians Vorzüge und Tugenden rühmt. Dieser Tag wird für unseren jungen Hel-den unvergesslich bleiben.

40

▶ Das Kampfgewand soll die Gegner das Fürchten lehren.

Maximilians

Rückkehr nach Hause

Kaum sind die Festlichkeiten beendet, muss der neue Ritter von den Burgbewohnern Abschied nehmen. Denn nun kehrt er zu seiner Familie zurück. Nachdem er sich ausgiebig bei den Damen bedankt hat, möchte Maximilian ein letztes Mal in die Kapelle gehen. Bruder Wilhelm schenkt ihm ein kleines Evangeliar (das ist ein Buch mit dem Text der Evangelien) und erinnert ihn an die christlichen Regeln, die er in Ehren halten muss. Die Köche, der Waffenmeister und die Wachleute dürfen ebenfalls ein paar Worte zum Abschied sprechen. Maximilian vergisst auch nicht, sich von den Pagen und Knappen zu verabschieden. Für sie ist er zu einem Vorbild geworden, dem sie nun nacheifern werden.

Zum Schluss umarmt er Walter, der ihn für so viele Jahre bei sich aufgenommen hatte. Das zeigt, wie achtungsvoll und treu Maximilian ist. Dann ist der Moment der Abreise gekommen. Ohne sich noch einmal nach der Burg umzusehen, in der er den größten Teil seines bisherigen Lebens verbracht hat, macht sich Maximilian auf den Weg zur Burg seines Vaters. In einigen Jahren wird er sein Nachfolger werden und den großen Besitz leiten und verteidigen. Ritter Maximilian ist wie viele seiner Kameraden dazu bestimmt, einmal Herr zu werden.

▲ Dem jungen Ritter werden die Sporen angelegt.

Da die Herren und die Hofdamen beim Turnier zuschauen, ist es für den Ritter eine gute Gelegenheit, auf sich aufmerksam zu machen.

Das Turnier

Seit dem 12. Jahrhundert ist das Turnier eine Beschäftigung, der sich die Ritter widmen, wenn sie nicht im Krieg sind. Sie können sich so auch in Friedenszeiten in der Kampfkunst üben. Das Turnier ist besser als die Übung mit der Stechpuppe. Es verbessert ihre Geschicklichkeit mit der Lanze oder dem Schwert.

Zu Beginn waren die Turniere Kämpfe, bei denen sich zwei Truppen von Rittern, Knappen und Fußvolk gegenüberstanden.

Aber in einem solchen Handgemenge geschahen zu viele tödliche Unfälle. Die Kirche versuchte vergeblich, die mörderischen Turniere zu verbieten. Immerhin gelang es aber, sie allmählich durch sogenannte Tjoste zu ersetzen, bei denen nur noch einzelne Ritter gegeneinander antraten. Bei einem Wettkampf dieser Art konnten die Ritter sich vor den anwesenden Adelsherren und ihren Damen auszeichnen. Die weniger reichen jungen Ritter, die einen freigiebigeren Herren

▲ Das Kampfgetümmel im Turnier ist so brutal, dass es manchmal mit dem Tod eines oder mehrerer Ritter endet.

Der Sieger des Turniers erhält die Belohnung von der Königin: eine Krone, an der eine Seidenschärpe befestigt ist.

44

suchten, konnten bei den Turnieren auf sich aufmerksam machen. Der junge Ritter konnte dann von seinem alten Herren Abschied nehmen, denn dieser erhielt von dem neuen Herren eine finanzielle Entschädigung.

Das heutige Turnier zu Ehren Maximilians ist ein Festtag. Auf einem großen umzäunten Feld werden Barrieren errichtet, um die Wettstreiter auf ihren Pferden voneinander zu trennen. Auf einer Tribüne sitzen die adligen Herren und Damen und beobachten das Geschehen. Auch das Volk, die Handwerker und Bauern, dürfen etwas weiter weg von der Tribüne das Spektakel beobachten.

Um tödliche Unfälle zu vermeiden, wird die Lanzenspitze manchmal durch einen runden Aufsatz ersetzt. Außerdem trägt der Ritter eine stabile Rüstung und einen Schild in den Farben des Schutzherrn oder der Familie.

Jeder Ritter möchte für eine Dame kämpfen und trägt ihre Farben an seiner Lanze. Die Damen spielen eine wichtige Rolle bei der Tjost. Sie geben das Signal zum Beginn des Kampfes und überreichen dem Gewinner den Preis. Häufig erhält er zur Belohnung eine kleine silberne Krone. Manchmal wird ihm auch versprochen, dass er eine reiche Erbin heiraten darf.

Heute ist Maximilian sehr glücklich. Nachdem er nacheinander sechs Tjoste erfolgreich bestanden hat, ist er der Sieger des Turniers. Für die Dauer der Festlichkeiten wird er zum Ehrenritter ernannt. Er erhält eine Goldkrone, an der eine weiße Seidenschärpe befestigt ist. Er ist sehr stolz darauf, dass er für die Farben des schönen Fräuleins Ada kämpfen durfte. Sie ist die älteste Tochter einer sehr angesehenen Adelsfamilie. An diesem Abend wird sie beim Festmahl neben ihm sitzen. Ist dies vielleicht der Beginn einer Liebesgeschichte?

Maximilian

geht auf Kreuzzug

Nach dem Tod seines Vaters ist Maximilian Herr von Hohenstein geworden. Seit einiger Zeit herrscht ein emsiges Treiben in der Burg, denn Maximilian hat beschlossen, auf Kreuzzug zu gehen. Er zieht aus, um zusammen mit anderen Christen Jerusalem und das Heilige Land Palästina aus der Hand der Moslems zu befreien.

Maximilian umarmt seine Gemahlin Ada und verabschiedet sich von allen Verwandten. Seinem Onkel, der zu alt ist, um ihn begleiten zu können, gibt er einige letzte Ratschläge.

An einem schönen Morgen im August verlässt Maximilian die Burg. Er führt eine kleine Truppe an. Sie besteht aus treuen Rittern und etwa dreißig bewaffneten Männern, die zu den Bauern der Grafschaft gehören. Sie werden die 1000 Ritter von Kaiser Friedrich II. im Kampf unterstützen. Der Krieg wird lange dauern und gefährlich sein. Maximilian glaubt aber, dass er mit Gottes Hilfe in ein paar Jahren zurückkehren wird. Seine ritterliche Ehre verpflichtet ihn dazu, nicht seinen eigenen Wünschen und Gefühlen nachzugeben. Er bricht auf, um seine Pflichten als guter christlicher Ritter zu erfüllen. Über sein Schicksal und das, was die Zukunft für ihn bringen wird, denkt er jetzt nicht nach.

▲ Der Ritter verabschiedet sich von seiner Frau und seinem Sohn.

BILDNACHWEIS

Umschlag: Ritter lernen zu kämpfen, Dijon, Bibliothèque Municipale, Foto © Bridgeman Giraudon; S. 8: Darstellung der drei Stände: der Kleriker, der Ritter und der Bauer, London, British Library, Foto © British Library/AKG Paris; S. 10: Einnahme einer Stadt während der Kreuzzüge, Paris, Bibliothèque Nationale, Foto © Bridgeman Giraudon; S. 11: Kriegsszene, Paris, Bibliothèque Nationale, Foto © VISIOARS/AKG Paris; S. 12: Herr Wissenlo und seine Dame, zwischen ihnen ein Kind, Heidelberg, Universitätsbibliothek, Foto © AKG Paris; S. 13: Die Geburt Ludwigs VIII., Boulogne-sur-Mer, Bibliothèque Municipale, Foto © Bridgeman Giraudon; S. 14: König Artus und Lancelot, Bradford, Art Galleries and Museums, Foto © Bridgeman Giraudon; S. 15: Die Tafelrunde und der heilige Gral, Paris, Bibliothèque Nationale, Foto © Bridgeman Giraudon; S. 16: Ritterszene mit einem Herold und einer Dame, Barcelona, Museu Nacional d'Art de Catalunya, Foto © Bridgeman Giraudon; S. 17: Die Fee Viviane zeigt König Artus den Ehebruch seiner Frau Ginevra mit Lancelot, Paris, Bibliothèque Nationale, Foto © AKG Paris; S. 18: Das Blindekuhspiel, Montpellier, Bibliothèque de l'Ecole de médecine, Foto © B. U. médecine; S. 21: »Zweikampf« zwischen Kindern, die auf die Schultern von anderen Kindern geklettert sind, London, British Library, Foto © British Library/AKG Paris; S. 22: Zwei Spielleute spielen auf einer Doppelflöte und mit Kastagnetten, Paris, Bibliothèque Nationale, Foto © Bridgeman Giraudon; S. 23: Heiliger Gregor mit seinen Schreibern (Detail), Wien, Kunsthistorisches Museum, Foto © Bridgeman Giraudon; S. 24: Jagdszene, Paris, Bibliothèque Nationale, Foto © Bridgeman Giraudon; S. 25: Wolfram von Eschenbach in Rüstung mit einem Pagen und einem Pferd in vollem Harnisch, Heidelberg, Universitätsbibliothek, Foto © AKG Paris; S. 26: Schachspiel, Paris, Musée du Louvre, Foto © AKG Paris; S. 27: »Tizona«, das Schwert von El Cid, Madrid, Museo del Ejército, Foto © Gilles Mermet/AKG Paris; S. 28: Das Festmahl vor der Hirschjagd, Paris, Bibliothèque Nationale, Foto © Bridgeman Giraudon; S. 29: Zwei Falkner (Detail), Avignon, Palais des Papes, Foto © Bridgeman Giraudon; S. 30: Wildschweinjagd, Chantilly, Musée Condé, Foto © Bridgeman Giraudon; S. 31: Jäger zu Pferd, gefolgt von einem Bogenschützen und zwei Jagdhunden, London, British Library, Foto © British Library/AKG Paris; S. 32: Ein auf den Knien betender Ritter, London, British Library, Foto © Bridgeman Giraudon; S. 33: Kaiserburg; zweistöckige romanische Kapelle, Nürnberg, Foto © Jost Schilgen/AKG Paris; S. 34: Sir Isumbras überquert eine Furt, Merseyside, National Museum & Galleries, Foto © Bridgeman Giraudon; S. 35: Das Stundenbuch des Herzogs von Berry, Chantilly, Musée Condé, Foto © AKG Paris; S. 3: Schwertleite, London, British Library, Foto © British Library/AKG Paris; S. 37: Bewaffnung des Ritters im Beisein der Tugend, Chantilly, Musée Condé, Foto © Bridgeman Giraudon; S. 38: Festmahl mit Spielleuten, London, British Library, Foto © British Library/AKG Paris; S. 39: Ein Ritter mit den Wappen der Stadt Verona, Padua, Biblioteca Civica, Foto © Bridgeman Giraudon; S. 40: Hartmann von Aue, Stuttgart, Württembergische Landesbibliothek, Foto © AKG Paris; S. 41: Ein Ritter wird von seinem Knappen und seinen Pagen bedient, Paris, Privatsammlung, Foto © AKG Paris; S. 42: Turnierszene, London, British Library, Foto © British Library/AKG Paris; S. 43: René von Anjou. Le livre des tournois du roi René, Foto Sammlung Kharbine-Tapabor; S. 44: Die Königin belohnt den Sieger einer Tjost, Foto Sammlung Kharbine-Tapabor; S. 45: Hektors Abschied von Frau und Sohn, London, British Library, Foto © British Library/AKG Paris

Bibliografische Information Der Deutschen Bibliothek
Die Deutsche Bibliothek verzeichnet diese Publikation in der Deutschen Nationalbibliografie;
detaillierte bibliografische Daten sind im Internet über http://dnb.ddb.de abrufbar.

Titel der Originalausgabe: *La vie des enfants – au temps des chevaliers*
Erschienen bei Éditions du Sorbier, Paris 2003
Ein Unternehmen der La Martinière Groupe
Copyright © 2005 Éditions de La Martinière SA, Frankreich

Deutsche Erstausgabe
Copyright © 2005 von dem Knesebeck GmbH & Co. Verlags KG, München
Ein Unternehmen der La Martinière Groupe

Layout: Isabelle Southgate und Fabian Arnet
Überzugkonzept: Fabian Arnet
Umschlagabbildung: Ritter lernen zu kämpfen, Dijon, Bibliothèque Municipale, Foto © Bridgeman Giraudon
Satz: satz & repro Grieb, München
Druck: Proost, Turnhout
Printed in Belgium

ISBN-13: 978-3-89660-321-0
ISBN-10: 3-89660-321-3

www.knesebeck-verlag.de